明桥大二

快乐 家庭育儿

[日]明桥大二 著
育儿专家
儿童心理专家

[日]太田知子 绘
妈妈插画家

裴立杰 译

跨越0~3岁关键期

人民东方出版传媒
People's Oriental Publishing & Media
東方出版社
The Oriental Press

图书在版编目（C I P）数据

跨越 0~3 岁关键期 /（日）明桥大二著；（日）太田知子绘；裴立杰译．— 北京：东方出版社，2018.8
（明桥大二快乐家庭育儿）
ISBN 978-7-5060-9411-5

Ⅰ．①跨… Ⅱ．①明… ②太… ③裴… Ⅲ．①家庭教育－儿童教育 Ⅳ．① G781

中国版本图书馆 CIP 数据核字 (2016) 第 321015 号

明桥大二快乐家庭育儿：跨越 0~3 岁关键期
（MINGQIAODA' ER KUAILE JIATING YU' ER : KUAYUE 0~3 SUI GUANJIANQI）

作　　者：[日] 明桥大二
绘　　者：[日] 太田知子
译　　者：裴立杰
产品经理：张　旭　边梦飞
责任编辑：王莉莉
出　　版：东方出版社
发　　行：人民东方出版传媒有限公司
地　　址：北京市东城区东四十条 113 号
邮政编码：100007
印　　刷：小森印刷（北京）有限公司
版　　次：2018 年 8 月第 1 版
印　　次：2018 年 8 月第 1 次印刷
印　　数：10000 册
开　　本：880 × 1230 毫米　1/32
印　　张：5
字　　数：60 千字
书　　号：ISBN 978-7-5060-9411-5
定　　价：39.80 元
发行电话：（010）85924663　85924644　85924641

前　言

英国绘本作家杰兹·阿波罗创作了一本名为《抱抱》的绘本。

小猩猩 Bobo 在森林里散步，一路上看到各种动物宝宝被妈妈拥抱在怀里，他总是开心地大喊："抱抱！"大象、长颈鹿、河马，各种动物宝宝都得到了妈妈温柔的拥抱。看着看着，Bobo 开始无精打采起来，他越来越闷闷不乐，最后终于哭出声来。这是为什么呢？

没错儿，Bobo 想妈妈了！他看到动物宝宝们都被妈妈抱在怀里，心里羡慕极了。Bobo 的妈妈听到哭声，赶紧跑了过来。Bobo 一看到妈妈就大声喊："妈妈！"妈妈把 Bobo 紧紧抱在怀里。此时，Bobo 满脸安心和愉快的表情。

这本书描绘出孩子何时会感到寂寞、何时会感到伤心，以及拥抱对于平复孩子情绪的巨大作用。

2005 年 12 月，我们发行了《明桥大二快乐家庭育儿》一书，不少热心读者给我们寄来了反馈意见。（非常感谢！读者的每一封来信我

们都认真阅读了。）在阅读这些读者反馈的过程中最令我们吃惊的是，“不能让孩子养成总要人抱的习惯”——这种错误的观念在年轻的妈妈们中依然根深蒂固。

有一位妈妈写下自己的感想：“周围的人提醒我说，不要让孩子养成被抱的习惯，所以孩子哭的时候，我也不去抱他，可是这样自己也觉得挺伤心的。读了这本书才知道，孩子不仅是可以抱的，而且抱孩子还是件好事，今后可以毫无顾忌地抱自己的宝宝了，真是开心。”

不仅抱孩子的问题如此，在现实生活中，很多父母对育儿过程中的必备知识掌握得并不尽正确。

可是，对于每日辛勤养育孩子的妈妈们来说，她们很难静下心来去阅读育儿方面的书籍。而爸爸们正当年富力强，天天忙事业，他们就更抽不出时间了。然而正是这些父母，他们最需要育儿方面的正确知识。

以最能满足其需要的形式提供给最需要的人——出于这种考虑，我们采用漫画和插图的形式编写了“明桥大二快乐家庭育儿”系列图书。

育儿的过程总是不尽如人意，只希望各位读者能轻松阅读并从中受到启发。

如果这本书能给各位辛勤育儿的父母带来些许安心与自信，我将感到不胜欣慰。

明桥大二

拜托啦！

眼下可真是干劲儿十足啊！

你能做到的！
你能做到的！
你能做到的！

嗨哟
嗨哟

快点儿！
快点儿！
心急火燎
坐立不安
啊

视力会下降的呀！

挤得满满的，
喂，我说！
什么？！
别挤啦！

干那个！
干这个！
吱—
吱—
吱—

嗡！

嗨哟
嗨哟

孙子真是可爱呀！
是啊，是啊！

路上当心！
垃圾
垃圾

1

育儿过程中
要切记哪些事情?

▶ 不要把孩子当作自己的私有财产。
孩子的人生属于孩子自己，而不是父母的。

育儿的思路多种多样。
快乐育儿
育儿成功法
育儿成功法
儿童心理
母乳养育
亲子游戏
但是在任何情况下我们都要切记——
不要把孩子当作自己的私有财产。

孩子也有自己的独立人格。
尊重孩子的心情，理解孩子的生活方式。
你想带小熊一起去？
妈妈知道了！
嗯！
所以我们应该采取的态度是——
不要拿孩子当出气筒。
烦闷
恼火
啊——心烦意乱。一边儿去！
不要强迫孩子去实现父母未能实现的人生目标。
你要成为一名了不起的医生哦！

孩子的人生
属于孩子自己，
而不是父母的。

在此基础上，
如果亲子双方都能意识到
今生是由于某种不解之缘才成
为亲子的，
从而相互支持，
那就是最理想的关系了。

2

我家孩子“你越说他，越起反作用”。这是为什么呢？

▸ 让孩子获得良好的教养、好好学习，最重要的是什么？

拥有正确的“自我评价”和“自我肯定感”对于我们每个人的生活都至关重要。

这种感受就是：

我有生存的价值，
我的存在对某人很重要，
我可以活在这个世界上。

我们在内心奠定这一基础的年龄大致在 0 ～ 3 岁。

通过妈妈抱、妈妈哄、撒娇耍赖、一起嬉笑，让这种感受在我们内心生根。

只有首先在孩子内心奠定这一基础，接下来才谈得上教养和生活习惯的培养。

后者大致应该在孩子 4 ～ 6 岁完成。

在获得了“自我评价”和“教养”的基础上，下一步才谈得上“学习”。这大致要从 7 岁开始。

在 7 岁之前形成正确的“自我评价”并在某种程度上已获得良好教育的孩子，他们到了 7 岁左右，就会对形形色色的事物表现出强烈的好奇心。如果此时他们得到耐心的教导，就会学得很快，所以小学的学习从六、七岁时开始是有道理的。

而传统的教育理论也好，育儿观念也好，其成立的前提却是作为孩子基础的“自我评价”已经形成。上述理论认为，孩子首先需要的是“教养”，是“学习”。而且一旦孩子身上出现什么问题，一概归咎于缺乏良好的“教养”。

眼下不少孩子身上出现令人担心的行为或症状。从这些孩子的情况来看，是因为作为前提的“自我评价”在他们心里并未牢固地建立起来，或者说支离破碎。

对这样的孩子进行管教，教他们“学习”，他们不仅难以掌握，而且还会降低甚至是损害他们原本就不高的“自我评价”。

“越说越起反作用”“越批评越不听话，陷入恶性循环”，这样的孩子大体上都是至关重要的“自我评价”部分没有牢固地建立起来 。对这样的孩子，应该先暂缓对他们进行教育或是让他们“学习”，首先要在他们内心形成稳固的“自我评价”。

因此，育儿过程中最重要的是在孩子内心形成稳固的“自我评价”。只要形成稳固的“自我评价”，接下来的教养也好，学习也好，孩子会随之自然而然地掌握。

有些孩子由于种种原因，小时候没有形成稳固的“自我评价”，不过即便如此，也并不意味着为时已晚。

无论什么时候，只要意识到这个问题，重新调整，即便花上些时间，最终还是能在孩子内心形成稳固的“自我评价”的。

3

为了让孩子具备良好的教养，从何时开始教育好？

▶ 要根据孩子的成长阶段对孩子进行教育。

要根据孩子的成长阶段对孩子进行教育

所谓培养孩子的教养，简而言之，就是让孩子掌握自我控制的方法。具体而言，指的是基本的生活习惯以及人际交往（社会）的原则。

不过，在孩子尚未建立起稳定的“自我评价”时，如果我们强行对孩子进行管教，不仅很难让孩子接受，反而有损于孩子的心理发育。所以，我们一定要根据孩子的成长阶段对孩子进行教育。

下面我们具体讨论这个问题。

对 0～1 岁婴儿的教养

婴儿能够感知自己的情绪和欲望，却不能理解对方的心情。**因此，给这个阶段的孩子立规矩让他们遵守是行不通的。婴儿既不能理解规则，也不能遵守规则。**

这个时期的婴儿完全不理解父母的心情，大人常常被孩子折腾得团团转。不过，父母满足了这一时期孩子的情绪和欲望，孩子就会感受到父母认可自己的存在，认为自己在这个世界上生存是合理的，从而形成良好的自我评价和自我肯定感。

这个时期至关重要的不是对孩子进行教育，而是让孩子内心形成良好的自我评价。

对 1～2 岁幼儿的教养

这个时期的幼儿在很大程度上能理解父母的语言和指令了。不过，虽然能理解，却不能遵守。他们动不动就连声叫喊：“不要！”同一件事，父母需要不厌其烦地给他们讲道理。

幼儿说："不要！不要！"实际上是在说："我也是一个独立的人。""请尊重我的人格！"

尊重幼儿的这种自我主张并陪伴在他们身边（这与任何事情都听之任之是不同的），孩子内心就会形成良好的自我评价：不管是服从爸爸妈妈，还是反抗爸爸妈妈，他们都会关注自己，做最真实的自己就可以了。

✕ 否定幼儿的自我主张或置之不理。

○认同幼儿的自我主张，陪伴在他们身边。

对 2～3 岁幼儿的教养

这个时期的幼儿不仅能够理解对方的话，也能相当清楚地表达自己的意愿了。

但是他们还不能完全按照父母的话去做，也不能完全遵守父母的指令。另外，他们在和小朋友一起玩耍或合作时，还需要父母的帮助。

他们经常会表现出自以为是、任性、喜怒无常的行为，有时很难融入集体活动。

这一时期的幼儿不仅开始对父母表现出强烈的自我主张，对兄弟姐妹和其他小朋友也是一样。如果对方也是小孩子，他们就不会像父母那样考虑你的方便，于是就会发生自我主张的冲突。

幼儿正是在这种冲突中懂得维持人际关系的原则，学会区分哪些话可以说，哪些话不能说；哪些事情可以做，哪些事情不能做。

在和小朋友交往的过程中，幼儿有时会受到伤害，这就需要父母的帮助了。

即便从这个意义上讲，在进入这个时期之前**建立起牢固的亲子关系，让孩子可以对父母无话不谈（培养起良好的自我评价），也是非常重要的**。

妈妈——
哥哥打我！
好啦好啦，打疼了吧！
揉
揉
就是嘛！
可是，那是哥哥的东西，你不能抢啊！
也许是我不对……

对 3～5 岁幼儿的教养

到了该上幼儿园的年龄，幼儿已经可以遵守简单的规则了。不过，他们还是经常会被一时的情绪所左右，而且遵守规则的情况也是时好时坏。你刚刚感觉他能够情绪平稳地和其他孩子合作了，他却又突然故意违反规则，反抗父母。

这个阶段的大多数孩子已经能够理解别人的心情了。

① 这个阶段的幼儿希望自己的行为正确、公平，这种愿望已在他们心中萌芽，因此父母应该教会孩子什么是正确的行为。

×

○

② 孩子犯错误时，告诉孩子哪里做错了，让孩子想一想下次该怎么做。

× 不解释原因，只管批评。

○让孩子想想错在哪儿。

哈——
咦，那个球是哪儿来的？
在公园捡的。
也许是谁忘在那儿的呢。
哦？
说不定现在有人正在找呢。还是早点儿还回去吧。
要是你丢了重要的东西，也会不开心的，是吧？
有道理
嗯。

③ 父母要明确告诉孩子希望他怎样做。

○告诉孩子应该怎么做

等孩子再长大些，如果因为逃学或身体疾病导致心理受到伤害时，他们就会重返婴儿期。实际上，从0岁开始的这个成长过程与上述过程非常相似。孩子正是通过这种方式对受损的自我肯定感进行重建的。

4

父母怎么说才能激发孩子做事的热情?

▶ "谢谢！""给妈妈帮了很大忙！""妈妈真开心！"——这样说才能真正激发孩子做事的热情。

想激发孩子做事的热情，建议他们“干这个吧”“干那个吧”，可有时候他们就是一点儿积极性也没有。

这种情况下我们不妨改变一下方式，对他们说**“谢谢”“真是给妈妈帮了大忙”“妈妈好高兴啊”**，以此激发孩子做事的热情。

比如说，家人共用的起居室里到处都是玩具、漫画书和点心渣。孩子对此无动于衷，根本不去收拾。这时候我们该怎么对孩子说呢？

● 反复命令、吩咐……

房间倒是收拾干净了，孩子和妈妈都感觉好累啊!

如果让孩子做什么事总是采取“批评”或“发脾气”的方式，起初孩子会听父母的话，但长此以往，孩子就会反抗，或是看父母的脸色行事，最终导致他们的自我评价降低。孩子会感觉自己的存在让父母不开心，让父母感到不幸，认为如果自己从这个世界上消失，父母可能会幸福得多。

反复“批评”和“发脾气”……

要对孩子说『谢谢』『真是给妈妈帮了大忙』『妈妈好高兴啊』。

反之，**“谢谢”“真是给妈妈帮了大忙”“妈妈好高兴啊”**——用这样的方式引导孩子做事，可能花的时间会长一些，但孩子的自我评价会提升，他们感到自己可以帮助父母做事，自己的存在可以给父母带来快乐。

这在实际生活中确实挺难做到的，不过还是请父母们一定要试一试。

建议

虽然花的时间长，但是对孩子说“谢谢”“妈妈好开心啊”，会从内心激发孩子做事的热情。

亲子温馨一刻 ①

我总是在做家务上偷懒。那是孩子们上小学时的事儿了。

食物从餐桌掉到地板上，弟弟捡起来吃了，姐姐说：“掉在地板上的东西还吃，多脏啊！”弟弟马上反驳道：“妈妈总是把地板擦得干干净净，没关系的！”

我心里一动。三个人不由自主地相觑笑出声来。现实生活还是相当严峻的呢……

（岩手县，66 岁，女性）

大儿子正在上幼儿园小班，对奥特曼特别着迷。他觉得他自己就是奥特曼。

有一天，我的手指被门缝夹了一下，疼得要命，儿子马上过来问我：“没事儿吧？让我干掉它！”然后就模仿奥特曼对着门“射出”一道激光。

儿子总是让我心里感到踏实——妈妈养育了你这样一个懂事的孩子，真好啊！你要永远这么懂事啊！

（爱知县，37 岁，女性）

儿子两岁零九个月，躺在床上时，我总是打开八音盒给他听音乐。等到我身体不舒服躺在床上时，儿子就会说："妈妈睡觉啊""给妈妈打开八音盒"，于是给我盖好被子，打开枕边的八音盒。

听到我说"谢谢"，他就笑着跑到客厅去玩儿了，还时不时跑过来看看我的情况。

我觉得儿子一个人太可怜了，就躺在被子里不停地跟他说话，儿子就以为我好起来了，开始在被子上练跳水，一会儿把被子掀开，一会儿钻到被子里，一通折腾。这样一来，就算身体再难受，我也只得起来了……

（岐阜县，32岁，女性）

女儿一岁零十个月了，我每天带孩子，累得筋疲力尽（并不是说因此我就是个好妈妈），一天下来，需要反省的事不计其数。

有一天，女儿笑着对我说："妈妈最好了！"

"最好"这个词我从未教她说过，她也没上过幼儿园，是从哪里学来的呢？

女儿的话让我开心极了，我几乎落下泪来，忍不住把她紧紧搂在怀里。

我对育儿缺乏自信，什么该做，什么不该做，对女儿来讲什么是最重要的，这些问题每天总是在内心纠结。女儿说出"妈妈最好了！"——那一天，女儿给了我自信，让我终生难忘。

（北海道，22岁，女性）

妈妈来信

亲子温馨一刻②

我总是说“想住一所大房子”。

有一天去超市，孩子对我说：“等我长大了呀，就给妈妈买一所好大好大的房子。”我回答：“那太好了！”孩子接着说：“所以呀，现在妈妈要给我买这个玩具！”

我暗想：“上当了！”不过转念一想，孩子可真会说话啊！

（京都府，37 岁，女性）

大儿子迎来了三岁生日。晚上，他注视着蛋糕上插着的生日蜡烛说：“妈妈，好漂亮啊！”那块写着他名字的巧克力让他兴奋不已。

当天夜里 12 点左右，儿子睁开眼睛对我说：“妈妈，妈妈生日的时候，我要给妈妈买蛋糕，还要在巧克力上写上妈妈的名字。然后点上蜡烛，让它闪闪发光。就是到时候，妈妈要给我买蛋糕的钱啊！”

原来是这样啊！不过，“给妈妈做点儿什么”——儿子的心情还是让我心里涌起一股暖流。希望儿子在成长的过程中总是这么体贴。

（福岛县，26 岁，女性）

做家务，带孩子，看望住院的祖母，让我累得筋疲力尽。

忍不住想哭，就躺在熟睡的儿子（七个月）身边哭出声来。女儿（两岁）正在玩儿，立刻跑过来，用纸巾不停地给我擦眼泪，还安慰我说："妈妈，不哭不哭。"

我忍不住搂着女儿放声大哭起来。

（山梨县，31岁，女性）

儿子非常喜欢玩具消防车，非要让我给买。花3000日元给他买了一辆玩具消防车，可把他高兴坏了，他居然指着消防软管问我："火就是从这儿喷出来的吗？"

更可爱的是，儿子跑到我身边对我说："谢谢爸爸！"还在大家面前自问自答：

——"喜欢爸爸吗？"

——"喜欢！"

我还得给儿子买点儿什么呀！（终于明白了父母为什么溺爱孩子了……）

（鹿儿岛县，54岁，男性）

5

您认为
“肯定孩子很重要”，
那么该对孩子说什么呢？

- 本想鼓励孩子，却打消了孩子做事的热情，怎么办？没想到如此简单的一句话可以让孩子精神振奋。

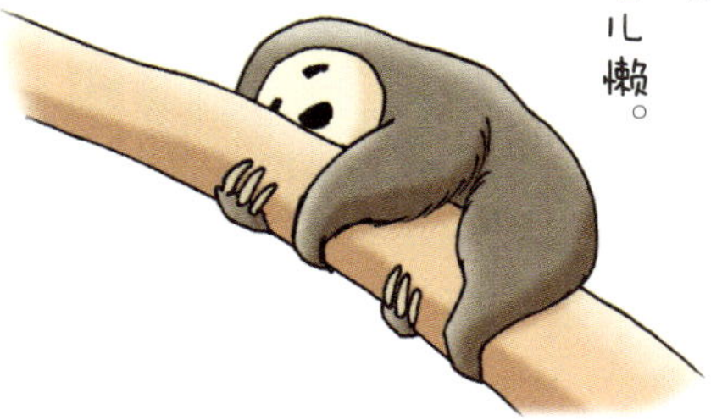

跟别人说话的方式大致上可以分为两种：一种方式是希望对方做得更好，另一种是首先对现状表示认可。这两种方式无所谓对错，要根据对方的情况合理运用。

① 希望对方做得更好，可以这样说：

“再多……点儿怎么样？”

“再稍微……点儿吧！”

“为什么不……？”

对方听了之后，向更高的目标挑战，最终获得成功，那么将会带来巨大的成就感，也会变得更加自信。

● 本来是想鼓励他的……

可是，如果对方已经没有努力的余地了，或者在对方感到疲劳、精神状态不佳甚至失去信心时，再这么说可能会让对方感到自己被否定。即便说话者的初衷并无否定之意，而是为了鼓励对方，但有时对方听起来还是会大不相同。

② 接受并肯定孩子的现状

接受孩子的现状应该怎么说呢？其实非常简单，我们可以说：**“某件事你干得真不错呀！”**把“某件事”换成孩子正在做的事就可以了。

不过有一点需要注意，“某件事你干得真不错呀！”这个“某件事”应该是对孩子积极的肯定。

“回来啦！你真棒啊，跑了第100名！”——这样说不太好，这是对孩子的讽刺。那么，该怎么变成对孩子积极的肯定呢？

● 接受现状，采取积极的态度

对待同样的事物总是有积极和消极两种态度。将消极态度转变为积极，心情将会大为改观。

对失去信心的孩子在语言上给予肯定，会让孩子逐渐鼓起勇气。

建议

我们应该对孩子说："某件事你干得真不错呀！"

●提出更高的要求。

不仅孩子如此，有些父母因为孩子的事情焦虑、精神不振，对待他们也应该采取肯定的态度。

● 现状得到了肯定！

希望我们的社会能够给孩子和他们的父母更多的温暖。

6

我鼓励孩子说“你能做到的”，可孩子就是不去做。我该怎么办呢？

- 对孩子说“做不到是因为你偷懒”，孩子做事的热情便会迅速丧失。

对孩子说“你能做到的”，我们觉得这是在表扬孩子，我们想告诉孩子的是：“实际上你是有这个能力的。”既然是表扬，为什么激发不起他们的热情呢？

“你能做到的！”有些孩子在不断受到这样的鼓励后，的确信心大增，把事情做得很好，而有些孩子却相反，不管你怎么说，他就是不想去做。这种情况不是孩子不去做，而是他做不到。可能是因为孩子的能力达不到，也可能是因为孩子没有干劲。总之，孩子做不到。如果孩子做不到，我们还是不厌其烦地对孩子说“你能做到的”，结果会怎么样呢？

● 你能做到的！

总之，“你能做到的”这种说法在孩子听来意味着：“做不到是因为你偷懒、倦怠。”

在这种情况下，我们姑且应该承认："孩子就是做不到。"

7

担心孩子是否会被人欺负

▶ 我家孩子笨手笨脚的，动作迟缓。
我很担心这样下去会不会被别人欺负。
我们做父母的应该注意哪些方面呢？

“我家孩子笨手笨脚的，动作迟缓，所以想趁孩子现在还小好好教育教育，让他做事能麻利点儿。”

您的这种心情是可以理解的。如果按照这个思路努力，孩子的能力得到提升，那是再好不过的事了。

不过，对于孩子的未来而言，最重要的并不是动作快慢，手脚是否灵活，而是孩子是否形成良好的自我评价和自我肯定感——自己确实笨手笨脚，动作也很迟缓，但自己在按照自己的方式努力，所以也可以好好地活在这个世界上。

你怎么就不能快点吃呢！
急躁
急躁
快点儿，快点儿！
别磨磨蹭蹭的！
啊，真受不了了！怎么就这么慢呢？
慢吞吞
心急火燎
真担心你在学校受欺负啊！
心急火燎
慢吞吞
你必须强大才能不受欺负！
剑道——
啪
学不会——
学不会——
空手道——
我没有任何优点，一无是处……
也许我活在这个世界上只会给别人添麻烦……

这样一来，孩子就算真被人欺负了，也会觉得正是因为自己一无是处才会被人欺负，像自己这样的人，被欺负是理所当然的，最终失去反抗能力。

建议

笨手笨脚也好，动作迟缓也好，孩子肯定在按照自己的方式努力，所以我们应该肯定孩子的这种努力。

应该肯定孩子的努力

你每次准备虽然花的时间长，但从没落下过东西呀……
你做事真谨慎啊！真了不起！
嘿嘿！
还在做作业啊……
哦
字倒是写得挺工整呢……
这很难得呢！
你是个仔细的孩子啊！
可是，我总是最后一个吃完饭，大家都说我迟钝呢……
是吗?!

你可不是个会被别人看不起的孩子啊！
我每天都在拼命努力呢。
我挺不错的呢！
要是有人瞧不起你这么努力的孩子，那就是他不好了。
好嘞！
谢谢爸爸！
我要努力让自己信心十足！

8

我知道“不应该批评孩子”，可是只要孩子在眼前，就忍不住批评他。我该怎么办呢？

▶ 我们应该这样想：这孩子真是个好孩子，
我的育儿方式非常出色。

不吃！
我要吃甜点!!
来！快吃饭！
你不吃妈妈做的饭吗?! 这么任性，不给你吃了！
啊！那是我的！
一下子撤走
哇
哇
够啦！就不能让我好好吃顿饭吗！
对不起……
妈妈没必要发那么大脾气啊……妈妈可真是过分啊……
明天一定不训斥孩子了……
第二天早上
已经不早啦！怎么还不起床！
不嘛!!
呼啦
呼啦

建议

姑且接受现实。

事实上，这样的妈妈做事都很认真，而且责任感很强。她们认为自己要对孩子负责。

孩子不写作业，不懂礼貌，这都是自己的责任，她们总是在无形中责怪自己。

她们也许在意邻居会不会说“您家儿子是不是太顽皮了”，婆婆会不会说“你得好好教育孩子”。

她们首先认为，如果孩子不乖乖听话，自己就被打上了“失职”的烙印。孩子的一举一动都关系到亲子的名誉，这可是非同小可。

所以建议父母们过于在意孩子却又无计可施时，可以先把问题搁置一下，姑且接受现实。

好好吃饭
不吃！我要吃甜点！
来！快刷牙！
不刷！
怒上心头
好吧！
接受现实按钮
ON
我怎么说都不听，这孩子就是这样啊！
再怎么说也没用的。
该做的我都做了。
嗞
这孩子在按照她自己的方式努力啊！

● 尝试接受现实。

孩子顽皮、不听话并不说明妈妈的养育方式有问题，也并不意味着妈妈失职。顽皮的孩子也有令人意想不到的懂事的一面。

我们不要总是想着“这孩子不行”、“妈妈也不行”，**而应该想“这孩子身上有不少优点，我的育儿方式很不错”**，而且事实上也肯定是如此。

9

孩子长时间打游戏，该怎么让他停下来呢？

▶ 说话时稍微用些技巧，即可培养孩子的自主性。

● 大人怎么说都不听……

打游戏也好，看电视也好，时间一长，当妈妈的肯定会着急，于是忍不住开始训斥孩子：“作业做完了没有？”“快点儿去睡觉！”我们通过漫画的形式来看一下普通的妈妈和稍微下点功夫的妈妈有什么不同。

● 最好让孩子制订个计划

小健今天怎么计划的？
嗯！
……
游戏打算玩到几点呢？
嗯，玩到9点。
哦，知道了。
玩到9点是吧？
已经9点了！
啊——已经9点了？——再玩一会儿！
刚才说好玩到9点的呀！
……是说好了，可是——

还不停下来呀……
那你想玩到几点呢？
玩到9点半。
9点半是吧。
知道了。
已经9点半了。
啊——再玩一会——
刚才说好的呀！
两次说话都不算数吗？
可是——
如果妈妈答应小健的事两次都做不到，小健会是什么心情呢？
嗯。
知道了。这就不玩了。

后一位妈妈让孩子自己规定时间，这就形成一种约定。我们可以通过这种方式让孩子养成自己制订计划和管理时间的习惯。父母随便作出规定并且给孩子下命令，既无法培养孩子的自主性，也会引起不必要的争吵。

小测试

『3岁看大』的真正含义是什么？

在以下三个选项中任选其一。

①

3 岁之前如果不好好教育，长大后也会很任性。

②

3 岁之前母亲应该在家专门带孩子，这样孩子长大后心理才能健康。

③

3 岁之前应该给孩子一个安心成长的环境。这样孩子长大后心理才能健康。

（答案见下页。）

正确答案是 ③。

回答 ① 的人恐怕不在少数。①~③ 有何不同，我们简单说明一下。

①

孩子在 3 岁之前，教育他们遵守规则、体贴他人，他们还很难理解。如果强行管教，就只能采取体罚、训斥等暴力的方式去控制孩子，对孩子的心理发育会起到反作用。

②

年幼时沐浴在温暖的母爱中的确非常重要，但这并不意味着在孩子 3 岁以前，妈妈必须一天 24 小时待在家里专门带孩子，不能出去工作（这种情况在日本被称为“3 岁儿神话”）。1998 年厚生省白皮书明确指出：“3 岁儿神话”至少是没有合理依据的。

③

3 岁之前，孩子的大脑发育迅速，这个时期最重要的是让孩子生活在爱的氛围中，在安心的环境中成长。但是各种调查结果显示，这个角色并不一定非得由母亲充当，父亲或是保姆也可以。

之前最重要的是给予孩子安心感，在孩子内心建立起对这个世界基本的信任感和自我肯定感，让孩子感觉自己来到这个世界上真好，周围的人都觉得自己很重要。

另外，希望大家明白一点：如果在 3 岁之前由于种种原因未能在孩子的内心充分建立起安全感，也绝对不意味着为时已晚，3 岁之后也能在某种程度上进行弥补。

10

我知道孩子的烦恼是什么，可是该怎么帮助孩子呢？

- 理解孩子的感受，对孩子说：“挺难受的，是吧？”“真讨厌啊！”

建议

只要了解孩子的烦恼就足够了。我们只要对孩子说："挺难受的，是吧？""真讨厌啊！"就可以了。

仅仅是了解孩子的烦恼，就是对孩子莫大的支持了。我们总是认为，一听到对方有什么烦恼，就必须拿出某种解决方法。要是真能给对方提供有效的方法也无可非议，但是这个世界上有很多事情我们是无能为力的，或者必须由本人去克服。对方首先希望的是我们能理解自己痛苦的心情。

所以我们首先应该对孩子说："挺难受的，是吧？""不喜欢，是吧？"让孩子知道父母理解他们的心情。

今天小朋友嘲笑我，说我画的画儿难看——哇——
妈妈！
哦？画的画儿难看，被小朋友嘲笑了？
是啊！
他们这么说你，你挺不开心的吧！
好伤心啊！
嗯！
妈妈理解我。
好吧，我不会再让你们嘲笑了！
安心！
我要加油了！

自己说的话和对方重复自己的话，效果是不一样的。对方重复自己的话，就会感觉“对方理解自己”。

这种安全感会成为孩子的心理支柱，化作孩子战胜痛苦的力量。

11

如何根据兄弟姐妹不同的个性采取不同的养育方式？

▶ 妈妈可以找时间与孩子单独相处，营造亲子间的温馨时刻。

虽然不能一概而论，但一家有几个孩子的话，大致是下面这样一种模式。

老大

因为是第一次养育孩子，所以父母在育儿过程中投入了很多精力。

建议

打破条条框框，鼓励孩子调皮些。

老二

父母的养育方式变得不太较真儿。

建议

在老大和老小之间，难以引起父母的关注，常感到被冷落。有意识地对老二多关注些可能比较好。

老三

不仅有父母照顾，还得到哥哥姐姐的照顾。

建议

为了培养孩子的独立性，尽量让孩子自己做事。

和家里的老大年龄差距比较大时，父母会感觉育儿任务已经完成了一半，有时会把照顾孩子这件事交给周围人去做。在这种情况下，妈妈再次认真对待育儿这件事，或许有助于孩子走向独立。

可以找时间与孩子单独相处，营造亲子间的温馨时刻。

有的孩子平时心里总是觉得别扭，觉得爸爸妈妈更看重弟弟妹妹。对这样的孩子，我们可以通过营造亲子间的温馨时刻，让他们感觉自己在父母心目中也很重要。

爸妈应该尽量满足老大撒娇的愿望，抱抱他/她，哄哄他/她，引导老大一起逗弟弟妹妹玩。建议爸妈一是尽量让老大参与到与弟弟妹妹的游戏和互动中来，彼此建立亲情；二是照顾老大的感受，在弟弟妹妹睡觉后可单独陪陪他，接受和鼓励他的撒娇。

12

孩子吵架，父母应该介入吗？

▶ 孩子通过吵架的方式学会人际交往。
如果大人强行介入，反倒会使矛盾升级。

建议

孩子之间吵架，父母不要介入，这是原则。

孩子通过吵架的方式学习人际交往。

即使吵了架，第二天他们也会若无其事地一起玩耍。

如果大人强行介入，反倒会使矛盾升级。

✕ 孩子吵架，父母介入。

孩子吵架，原则上就让他们去吵。吵过后再耐心倾听他们诉说悔恨的心情。于是，第二天他们就和好了。

○ 孩子吵架父母不介入，事后再关注。

不过，如果孩子还不到两三岁，他们不太了解人与人之间的交往方式，有时就需要父母介入，告诉他们正确的做法了。

13

孩子不做自己力所能及的事，比如不写作业、不收拾书包，说了多少回也不起作用，该怎么办呢？

▶ 孩子的问题让孩子自己解决，不要由成人包揽。

我们从问题归属原则的角度来思考一下今后该怎样做。

何为问题归属原则？

孩子的问题让孩子自己解决，不要由成人包揽。

别迟到！
挨老师批评了吗？
没落下东西吧？
交到朋友了吗？
作业做完了吗？

这些事情本来属于孩子，不应该由父母操心。当然，如果孩子寻求帮助，父母还是要给孩子适当的支持，可是如果孩子并没有主动张口，父母却过于担心，总是挂在嘴边，孩子感到烦恼的就不仅是这些事情了，他们还得去消除父母的忧虑，烦恼便增加了两倍、三倍。

父母解决好自己分内的事就可以了（虽然有很多事情解决不了），不要给孩子增添不必要的忧虑。该由孩子操心的事，一定要让他们去操心，父母尽量不要提醒，也不要动手帮忙。

让孩子独立去做，短时间内孩子自己做的事情可能不如以前那么多了，但他们会逐渐产生做事的热情。

✕ 不停地唠叨是没有效果的

〇 让孩子自己解决

把作业和要带的东西记在联系手册上！
大家不要忘记！
是——
忙着做自己的事
……
第二天
大家拿出习字用具！
是——
糟了！
快点儿！
真不好意思！
哦——你忘带了吗？
我不会借给你的！
只有你一个人忘记带了啊！
我回来啦！
真糟糕！
今天忘了带东西啊！
自己不好好收拾东西，会给自己带来麻烦的呀！
这是你自己的事情啊！
嗯，我知道了！
用力揉眼睛

14

孩子做错了事，却一点儿也认识不到自己的错误，还一味指责别人，不肯道歉。我该怎么教育孩子呢？

▶ 孩子不肯承认错误看似因为自尊心太强，其实真正的原因是他们的自我评价过低，觉得自己遭到了全盘否定。

我们普遍认为：“孩子不承认错误是因为自尊心太强，过于傲慢。所以对这种孩子必须严加训斥，杀一杀他的傲气才行。”

真的是这样吗？

真正自尊心强、自我评价高的孩子，他们反倒会承认错误，也会向对方道歉。不肯承认错误的孩子看似自尊心强，实际上这恰恰说明他们的自我评价很低。

至少孩子自己是这么认为的，他们觉得自己遭到了全面否定。被全面否定就活不下去了，所以他们拼命坚持自己没错。

那么孩子到底为什么会变成这样呢？最常见的原因是受到的批评过多。

建议

不要硬逼着孩子承认错误，而是暂且肯定孩子的意见。

受到的批评过多，最后就导致自我评价降低，这样的孩子再让他承认错误就很难了。

另一种情况是：孩子是个完美主义者。这样的孩子只要受到一点批评，就会感觉自己被全盘否定了。父母说的是“在 100 分里，你只有 10% 是错误的”，可是在孩子本人听来，自己却是百分之百地被否定了。

建议

明确告诉孩子，百分之九十已经做得非常好了，还剩百分之十需要改进。

15

真的不能
体罚孩子吗?

▶ 我是在父母严厉的体罚中长大的。

当时很反感，现在却非常感谢父母对我的严格教导。

对体罚持肯定态度的人有不少都是曾受过父母体罚的，其中也有人像您一样，认为受过体罚很好。

不过，他们所认可的不一定是体罚，而是自己做错了事受到父母的严格教导。至于所采用的方法也可以不是体罚，或者可以说其实您对体罚本身并不喜欢。

如果有人认为受过体罚很好，那么他在受到体罚的同时肯定也得到了父母的肯定："你很重要。"这样的父母是非常了不起的。

可是我们在对孩子进行体罚时，真的让孩子同时感觉到我们对孩子的肯定了吗？

有人说，教育幼儿只能让他们用身体记忆。其实，即使是幼儿，除了体罚之外，也有办法让他们知道自己做错了。

* 这是在大阪研究婴幼儿的身心发育与环境的关系时，对同一年出生的2000名孩子从0岁到6岁进行的跟踪调查。

对体罚持肯定态度的人可能觉得自己受过体罚很好。但我们打个比方来说，自己服用过某种药治好了病，而这种药在其后的调查中发现从远期来看可能会产生副作用，那么我们肯定不会让自己的孩子再服用了。

如果有其他没有副作用的药，我们应该选择后者吧。体罚也是一样。

啊！
这样做对孩子有好处！
啪！啪！
我错啦!!
为了孩子好!!
啪！
十年后
体罚确实不对呀……
我宰了你！
吓得哭泣……

5岁的大女儿对我说："昨天我梦到了哈姆太郎，真开心啊！"我回答说："真好啊，做了个好梦！"

于是，她突然把手放到我的额头上说："好啦，今天妈妈也能梦到哈姆太郎了！"

最近我感觉有些疲劳，总是训斥孩子们，大女儿这么善解人意，让我差点儿落下泪来。

（广岛县，37岁，女性）

我正在教儿子日常问候用语。

早上起床后说"早上好"，白天说"你好"，晚上说"晚上好"。

"你好"这个词儿子还说不太好，总是迅速点一下头。

有一天，我到超市去购物，把儿子放在购物车里正在超市转悠，听到超市的广播在耳边响起："你好！今天……"

再一看儿子，正在那儿点头示意呢，那样子太有意思了，太可爱了！

儿子在家里对着电视也会问候一番。

问候别人，在儿子今后的人生中非常重要，儿子学会了问候，我感到十分欣慰。

（爱知县，28岁，女性）

女儿两岁时，我只要感冒躺在床上，她就担心地一次又一次跑到我身边，摸着我的头说：“我要做乖孩子，做乖孩子。”

也许女儿是希望我早点儿退烧，我正昏昏欲睡时，她又跑过来把我叫醒。我对她说：“谢谢你！不过，让妈妈休息一会儿好吗？”可她还是跑过来，我总是休息不成。

稍微大些，女儿会递给我一封信，上面画着小鸟在亲嘴的画儿。“退烧之后，我要亲妈妈 10 次”。

现在回想起来，感冒时的温馨记忆还真不少呢。

（东京都，57 岁，女性）

这是听我姐姐说的。

外甥（姐姐的儿子）迎来了 5 岁生日。

姐姐：“生日快乐！”

外甥：“妈妈，也祝贺您！”

姐姐：“为什么祝贺妈妈？”

外甥：“这是妈妈生我的日子啊！爸爸回来之后，我也要让爸爸说‘祝贺您’。”

姐姐没想到孩子会感谢她把自己带到这个世界上来，内心充满感动。

姐姐说，正因为有这样的事，自己才能精力充沛地养育孩子。

我觉得心里暖暖的。有一天，我也会有这样的经历吧，我暗自期待着。

（德岛县，26 岁，女性）

妈妈来信

亲子温馨一刻④

儿子两岁六个月了，吃午饭时边吃边说：“真好吃！真好吃！”我也随声附和：“真好吃啊！”

过了一会儿，儿子叫我：“妈妈……”我问：“什么事儿？”儿子说：“喜欢妈妈……”

虽说是自己的儿子，可还是有些不好意思，我只是回答说：“谢谢！”儿子接着说：“亲亲！”就想来亲我。我心里很高兴，却感觉不好意思，对儿子说：“好啦！”儿子也笑了，又开始吃饭了。

我觉得自己有点儿对不起儿子啊，可转念又想，儿子真的明白自己说的是什么意思吗？“下次儿子再这么说，就让他亲一下”，我想。儿子，对不起！谢谢你！

（宫崎县，31岁，女性）

女儿兴高采烈地从幼儿园带了青椒回家。“大家一起种的！”

我：“怎么吃呢？”

女儿：“不能吃掉！”

我：“那用来做什么呢？”

女儿：“嗯？”

她笑着把青椒放在盘子里：“摆在那儿欣赏！”

我这个当妈妈的心里却想：趁新鲜才好吃啊！

第二天，青椒还在盘子里。虽然我很担心青椒不能吃了，可还是觉得孩子珍惜青椒的心情值得呵护。青椒就这样烂掉固然可惜，但也会成为孩子宝贵的记忆。

第六天，看着盘子里日渐干枯的青椒，我对女儿说，青椒也是有生命的。我们谈了很多——在幼儿园，和老师、小朋友一起每天浇水精心培育；结出了青椒，用手摘下来，拿回家；看着青椒逐渐干枯，心情很郁闷。

“这样下去，青椒就会干枯变质了。我们该怎么做，才会让青椒高兴呢？”

听到我的疑问，女儿沉默了，过了一会儿，她小声说：“明天把青椒吃了吧。”

这是女儿动脑筋思考后得出的答案。我笑着说：“就这么办吧！”趁女儿还没改变主意，我把青椒做成菜，大家一起吃得很香。

不要以忙为借口忽略家庭中的点滴小事，要尊重孩子的心情。感谢青椒！

（德岛县，37 岁，女性）

16

也许是因为奶奶过于溺爱孩子了，孩子变得任性，不听话，怎么办？

▶ 孩子不是任性，而是向父母发出信号：“妈妈，关注我！抱抱我！”

生老二时，把三岁的老大交给奶奶带了一阵。
此后，孩子就一直跟奶奶很亲近，总是一起睡。
也许是奶奶过于溺爱了，孩子很任性。
我要那个！
好啦，好啦，知道啦！
打弟弟——
啪
不是跟你说不能打弟弟吗！
还跟弟弟抢东西。
也严重警告过，可就是不听。
为什么要和弟弟抢东西？
不许再这样了！

我们一般会这样认为，不过，如果孩子在成长过程中得到充分保护，受到家人的重视，他们是不会打人，也不会去抢别人的东西的。

之所以出现打人的行为，是因为孩子感觉自己在某方面没有得到足够的重视。

——事实并非如此。我们应该感谢奶奶对老大的重视。但奶奶毕竟是奶奶，是代替不了妈妈的。

孩子其实最依恋的是母亲。

啊，你看！青菜又剩下了！
够了，不吃了！
又这样!!
等等!!你为什么总是这样！
奶奶！
算了，他已经说不吃了！
又这样！
这孩子可真任性啊!!
来，张大嘴巴！
真好吃啊！
哈哈
我也想跟妈妈在一起！
愤怒
喂！
一把揪住

打人、抢东西，这些都不是任性的表现，**而是孩子向妈妈发出的信号。**

“妈妈，关注我！抱抱我！”

这就是母子间心灵沟通不畅的表现。这样下去，孩子就会在“对自己来说，最重要的妈妈却不爱自己”的心理阴影中长大，将来可能会出现各种令人担心的情况。

建议

改善母子间心灵沟通不畅的状态，需要奶奶的帮助。妈妈可以在一段时间之内不要批评孩子，而是请奶奶去提醒。

哎，青菜可不能剩下呀！
青菜对身体很有好处啊！要全部吃掉！
……
你打算什么时候去睡觉啊？电视就看到这儿了！
听话多了呀……
啊！
啪！
怎么了？妈妈不生气，告诉妈妈为什么。
因为他随便用我的东西！
原来是这样啊！是有原因的呀！
抚摸
不过也不能动手打人啊！

妈妈，拜托您了！
好，去吧！
今天和妈妈去买东西，就我们两个人。
我才不和妈妈牵手呢！
啪
可以牵着妈妈的手吗？
紧紧地
像做梦一样……

在母子间心灵的障碍逐渐消除后，老大就会愿意在妈妈跟前撒娇了。

到了这一步，老大有什么地方做得不好就可以提醒他注意了。

老大感觉妈妈在乎自己，奶奶也很在乎自己，于是就可以在妈妈和奶奶之间自由往来了。

对孩子而言，再也没有比这更令人开心的了。

只有这样，孩子才能变得开朗、坚强、善解人意。

17

请问，老人该如何对待孩子呢？

- 有了孙子，不要没完没了地大声训斥。
- 尊重小夫妻的育儿方式，原则上应该多给予赞美之词。

老人对孩子而言，是很重要的存在。
妈妈都很唠叨
晚饭前不能吃零食！
老人往往成为孩子心灵唯一的避风港。
爸爸总是忙工作，家里的事一点儿也不管。
我走啦！
爸爸，听我说，我成了正式队员——
给！
我成了正式队员！
祝愿老人们长寿！
为了我们，也要保重身体啊！

拜托各位爷爷——
有了孙子，不要没完没了地大声训斥。
作业呢!?
电视就看到这儿!!
你妈妈没教育过你吗！
回来得太晚了!!
爷爷不用大声训斥孩子，大家也会尊敬爷爷，认为爷爷是很重要的。
成为和蔼可亲、令人敬仰的爷爷吧。

希望奶奶这样做——
婆婆大人
尊重小夫妻的育儿方式，原则上应该多给予赞美之词。
哇——
哇——
好啦，好啦！
轻轻拍打
怎么啦？怎么啦？
你工作也挺累的，还尽心尽力地照顾孩子，真不容易啊——
我做得还不够……
呵呵——

● 即使老人没有恶意，否定也会让年轻的妈妈感觉受到了伤害。

年轻的妈妈第一次带孩子，内心充满不安。这时候老人总是在口头上给予否定，她们会彻底关闭心扉。

●此时，首先要对儿媳的努力给予充分的肯定和赞扬。

在奶奶的支持下，妈妈的精神状态非常稳定，孩子也会顺利成长。

18

老公对家里的事情不闻不问，全都扔给我

▶ 孩子小的时候，老公还给我帮点儿忙，

孩子一上小学，家里所有的事情就全扔给我了。

我该怎么跟他交流呢？

●妻子的情况

啊，忙死啦！
啊，忙死啦！
一个人可真够呛啊！老公能不能早点儿回来呢……
我回来啦！
啊，太好了！我能轻松点儿了……
啪嚓
啊，别弄洒了啊!!
再来一碗！
反倒更累了！
你醒醒!!
今天是孩子的生日，早点儿回来啊！
啊，好，好，我走了！
抱歉，今天回不去了。
愤怒
肚子饿了——
咕噜咕噜

● 丈夫的情况

今天这个项目……
要花费两亿经费！
必须成功！
抱歉，今天回不去了。
今天是孩子的生日……
怒火
冲天
饶不了你……
项目成功了，当上了部长！
喜笑
颜开
部長
好嘞，精力充沛地工作！
部长，我先走了。
好。
不能比下属走得早。
今天也是深夜才回来?!
（小声）
我是在拼命工作啊！
（小声）

50岁以上的夫妻离婚，他们之间的隔阂实际上从育儿时期就产生了。

为了家庭好不容易努力到今天，出现这样的结局真是太可悲了。

为了避免发生这种事情，从现在开始努力沟通至关重要。

丈夫要注意的事项

妻子交代一遍的事情要认真照办。

对妻子的意见迅速作出反应。

妻子遇到困难时，一定要参与意见。

妻子要注意的事项

了解男性的特点就是心没有那么细。你有什么想法一定要跟他明说，否则他是不会明白的。

不要事后发泄不满，每次都应该当时言明。

丈夫帮自己做了什么事，夸奖他“真不愧是孩子他爸”，他就会干劲儿十足。男人就是这样一种简单的动物，在沟通中要了解这一点。

我回来了！
你挺辛苦的，可还是想让你帮我带一下孩子。
因为有爸爸帮忙，才做好了饭啊！
谢谢！
哦！
孩子他爸！
跟孩子们一起洗澡吧，他们会很高兴的。
好啊！
啊哈哈
啊哈哈
呵呵……越来越能干了呢……
暗喜

其乐融融
跟你结婚可真好啊！
哪里！这点儿小事……
路上当心！
垃圾
垃圾

19

妻子是全职太太，可总是喊累，真让我难以理解

▶ 我妻子是全职太太，最近她总是喊累。

白天又不用出去工作，真不明白她为什么总是喊累。

她真的感觉累吗？

男人总是说：『你是全职太太，要好好做家务，好好带孩子。
全职太太白天好悠闲啊！』
的确，在竞争社会中，男人每天都在为家人拼命工作。
可是，最近调查数据显示
和有工作的女性相比，全职太太要承受的压力更大。
以前因为妻子有事外出，我也曾经做过一天家务，带过一天孩子。
明天我一早就出门啦。
家里的事情就拜托你了！
知道了！

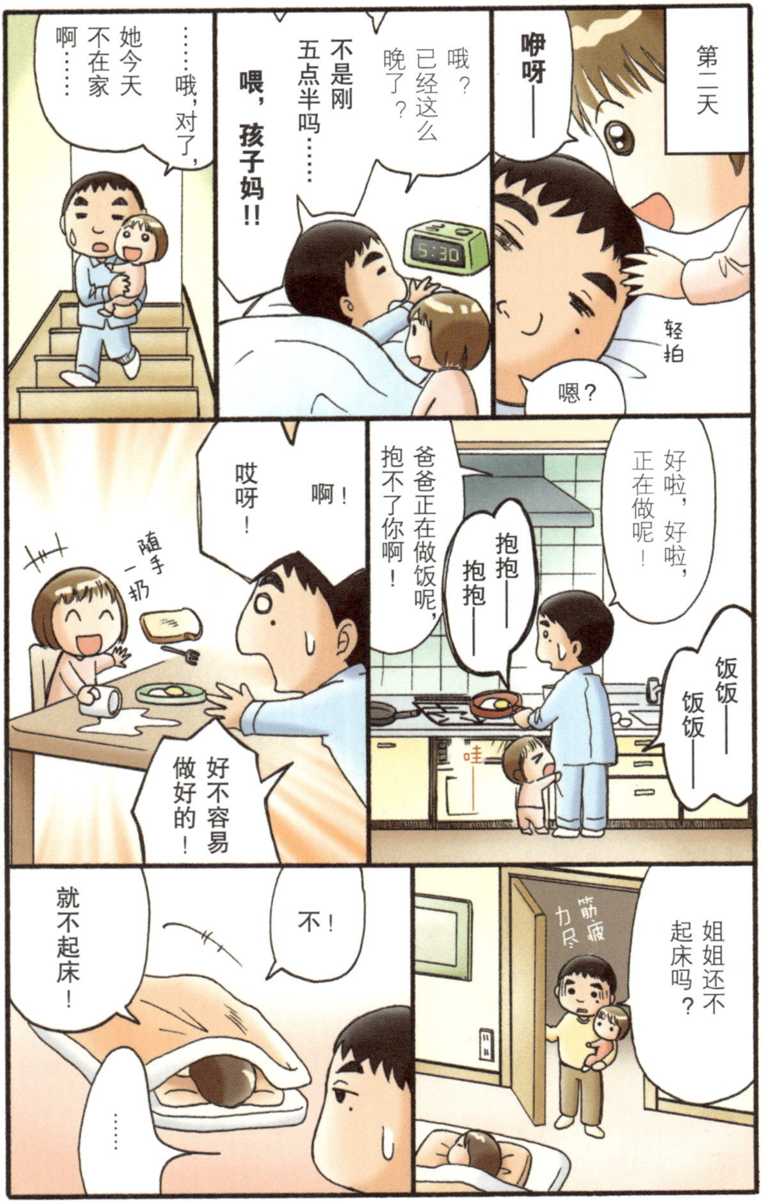
第二天
咿呀——
轻拍
嗯？
哦？已经这么晚了？
不是刚五点半吗……
喂，孩子妈!!
……哦，对了，她今天不在家啊……
好啦，好啦，正在做呢！
饭饭——饭饭——
抱抱——抱抱——
爸爸正在做饭呢，抱不了你啊！
哇——
啊！
哎呀！
随手一扔
好不容易做好的！
姐姐还不起床吗？
筋疲力尽
不！
就不起床！
……

上午打扫了房间，洗了衣服……
干净利索
我正打扫房间呢，可你们……
一点儿也不收拾啊！
刺啦
刺啦
啊！
总是趁我不注意！
不能这样！
啊！
刺啦
好吧！
烦躁不安
烦躁
去公园吧。
总算能歇会儿了……
呼—

爸爸，我饿了！
我摔了一跤——
啊，这就……
浑身是泥
爸爸怎么了？
稀里呼噜
乱七八糟
累了……真是累死了……
好啦，好啦，我们去睡午觉吧！
迷迷糊糊
怎么一直不睡呢？
啊！
突然睁大眼睛
啪、啪
啊哈哈哈
趁这会儿赶紧把家务干完……
快！
好机会!!
顿时无精打采
爸爸——
一骨碌爬起来
没办法，还是去买东西吧……
坐车——坐车——
哗啦
太好啦♪

昨天这时候正在……
正在公司休息……
松口气……
爸爸，给我买这个——
下车下车——
昨天……真让人留恋啊……
还是工作轻松得多啊……
一随扔手
一随扔手
一随扔手
一随扔手
这个肯定很好吃
真羡慕工作的人……
那位顾客，请您管管这俩孩子！
感觉自己被遗忘了……
那位顾客!!

全职太太的一天就是这么度过的呀……
真空虚……
咔嚓咔嚓
孩儿妈，早点儿回来呀！
嘚嘚，驾驾
我回来啦！
啊，妈妈回来啦！
你回来啦！
嗖
咚咚咚
真是累死我了！
你辛苦了！
给你们的点心！
扑哧——
谢谢老公！
哎，我可当不了全职老公啊！
腰好痛
嗯，有人可是挺合适的呢！
突然一伸手

一整天都要和不听话的孩子打交道是吧？
点头
嗯！
也没人认可啊。
点头
不住地
嗯，嗯！
而且，老公每天回来得又很晚……
是，是啊，这个……
全职太太有多么辛苦，多少明白了一些。
原来不是每天都很悠闲，很轻松啊！
以后回到家，由我来照顾孩子！
也让你解放一下。
老公，真的吗?!
那太好了!!

更想更想
抱抱我了吧！